LES EAUX

ET

LES HOMMES

DES DEUX CHARENTES

PAR UN INDIGÈNE

———>·⊏⊐·<———

SE VEND 60 C.

CHEZ TOUS LES LIBRAIRES

AU PROFIT DU BUREAU DE BIENFAISANCE

———>·⊏⊐·<———

ANGOULÊME

IMPRIMERIE CHARENTAISE DE A. NADAUD & Cⁱᵉ

Rempart Desaix, 26

—

1868

LES EAUX

ET

LES HOMMES

DES DEUX CHARENTES

PAR UN INDIGÈNE

ANGOULÊME

IMPRIMERIE CHARENTAISE DE A. NADAUD & Cⁱᵉ

Rempart Desaix, 26

1868

PROLOGUE

Un ami qui lisait mes vers
Trouvait dans leur fait un travers.
« L'art qui guérit ou qui soulage
Ne doit admettre aucun partage.
D'un autre art chercher les produits,
N'est-ce pas lui ravir ses fruits?
Et goûter des loisirs futiles,
Dérober des heures utiles
A de plus importants labeurs? »
— Non : poésie et médecine
Ont une commune origine
Dans les purs attraits de nos cœurs.
Filles du dieu de la lumière,
L'une, du ciel avant-courrière,
Conduit par un sentier de fleurs;
L'autre, plus modeste ouvrière,
A l'humanité non moins chère,
Se borne à calmer nos douleurs.
Elles ont la même bannière;
Elles portent mêmes couleurs :
Et, sans devenir infidèle,
J'ai conservé mon double zèle,
Et j'ai courtisé les deux sœurs.

Pour panser l'humaine souffrance,
Qu'aggrave sa sœur l'indigence,
Tous les jours et la nuit souvent,
Au soleil, à la pluie, au vent,
De quarante ans et plus j'ai fourni la carrière,
En cheminant de chaumière en chaumière,
Blotti comme en un gîte, en mon char suspendu.
Mais que faire en un gîte, à moins que l'on ne songe (1),
Quand l'isolement se prolonge?
Je songeais donc, l'esprit tendu
Sur la vie et sur ses misères,
Sur la mort et sur ses mystères.
Mais Dieu trompe-t-il ses enfants?
En nous donnant la conscience,
Nous promet-il en vain l'immortelle existence,
Altérés de bonheur, mais, hélas! impuissants?
Il nous tire par une chaîne,
Rayon d'espérance et d'amour,
Au seuil du céleste séjour
Où sa clémence nous entraîne.
Telle est la poésie et ses divins accents!

J'ai donc suivi la conséquence
D'un seul et saint attachement:
Pour le présent, *soulagement;*
Et pour l'avenir, *délivrance.*

(1) La Fontaine.

LES EAUX

ET

LES HOMMES

DES DEUX CHARENTES

Qui pourrait t'oublier, ô ma belle patrie ?
Qui voudrait t'amoindrir, France noble et chérie ?
Quand je fais aujourd'hui deux inégales parts
Du faisceau glorieux de tes trésors épars, .
Pourrais-je concevoir ou l'erreur ou la crainte
A tes brillants destins de porter quelque atteinte ?
Quels seraient les bienfaits du grand astre des cieux,
S'il ne tempérait pas sa lumière et ses feux ?
Où ses rayons unis produiraient la souffrance,
Ses rayons divisés amènent l'abondance.
Telle la France, unie en sa propre grandeur,
Doit modérer aussi l'éclat de sa splendeur ;

Et peut, sans abdiquer sa majesté suprême,
Effeuiller les fleurons d'un riche diadème.

L'Angoumois, la Saintonge et leur frère l'Aunis,
L'un de ces beaux fleurons, vont être réunis,
Offrant avec orgueil à l'inflexible histoire
Quelques-uns des grands noms que réclame leur gloire.

Aux bords où l'Océan lève ses flots roulants,
De la Sèvre à la Dronne et d'Aix à Confolens,
S'étend le doux climat où lentement serpente,
En long ruban d'argent, notre belle Charente.
Naissant à Chéronac, sur le sol viennais,
Elle entre en son domaine auprès de Chabanais,
Droit au nord se dirige, avec regret nous quitte,
Pour faire à son voisin une courte visite,
Et, comme un voyageur que presse un souvenir,
Se retourne à Civray, pour vite en revenir.
Elle fait aux passants de gracieuses mines,
Des pâtés de Ruffec exporte les terrines,
Passe à Mansle et, coquette en ses riants détours,
Vient au pied d'Angoulême étaler ses atours,
Partage ses faveurs, sert les papeteries,
Transporte les produits, arrose les prairies.
La cité qui la voit du haut de ses remparts,
Admire les trésors de ses charmes épars,

Et, fière des grandeurs de son antique gloire,
Aux splendeurs de nos jours rattache sa mémoire ;
Soit que des temps passés le reflet de ses eaux
Rende à nos souvenirs les émouvants tableaux ;
Soit qu'à nos yeux surpris la moderne science
Éclaire de nos arts la magique puissance.
Voyez de ce tunnel un long serpent surgir ;
Entendez-le ronfler, souffler, siffler, mugir ;
Sur ses talons de fer il dévore l'espace,
Le feu de son haleine au loin marque sa trace :
C'est le train... garez-vous... il passe... il est passé ;
Son tonnerre est éteint, son éclair effacé.
Sur ses poteaux dressés jalonnant la campagne,
Messagère sans temps, la foudre l'accompage.
La vapeur condensée et l'électricité
Transmettent la pensée et la réalité.
Le tracé de Paris vers Bordeaux et Bayonne
Sur le sol charentais en long trajet rayonne,
Et, partant d'Angoulême, au sortir du tunnel,
Lance jusqu'à la mer un tronçon fraternel.
Le rail aime le fleuve et ses rives fertiles ;
Il parcourt mêmes lieux, il dessert mêmes villes ;
Il adopte ses mœurs, prend son nom, suit son cours ;
S'en sépare parfois, et lui revient toujours.
A les voir se poursuivre en ce concours, il semble
Que ce sont deux amis qu'un même jeu rassemble.

Au départ seulement, inconstante en ses goûts,
La Charente, aspirant à des plaisirs plus doux,
S'éloigne follement d'un compagnon fidèle;
Mais un attrait puissant aussitôt la rappelle,
Des coteaux de Cognac le fruit délicieux,
Or liquide et brillant, nectar digne des dieux.
Châteauneuf, sur son arc, se mire dans sa glace;
Pour l'honorer, Jarnac recule et lui fait place.
L'orgueilleuse se gonfle et change encore d'amant
A Sainte, en caressant l'antique monument,
Des siècles éloignés grande œuvre triomphale,
Dont l'image se peint au miroir qu'elle étale.
Plus loin, de l'Océan elle reçoit la main,
Et fixe, enfin, son cœur dans les nœuds de l'hymen.
Jusqu'à Tonnay-Charente elle conduit la fête,
De verdure et de fleurs elle entoure sa tête;
Et, comme les témoins de ce nouveau lien,
Elle prend Taillebourg et Saint-Savinien.
Hélas! moins jeune alors, mais non moins inconstante,
Contre l'or d'Albion, elle change à Charente
Les tributs de Cognac, puis court à Rochefort
De son onde moins pure alimenter le port.
Avant qu'à l'Océan sa lame soit transmise,
On peut la voir encor, dans sa bourbe, à Soubise;
Et devant l'île d'Aix sa course vient finir.
Mais ici se réveille un navrant souvenir...
C'est là, Napoléon, sur la plage fangeuse,
Que tu bornas aussi ta course glorieuse,

Long éclair qui vingt ans éblouit l'univers,
Et vint s'évanouir sur le rocher des mers.
Ah ! que la France, au moins, désormais consolée,
Par Mars et ses fureurs ne soit plus désolée;
Et si la gloire encor doit sortir de sa main,
Que ce soit en donnant la paix au genre humain,
Mère des libertés dont nous avons l'aurore,
Que nos fils, plus heureux, demain verront éclore.

Fleuve capricieux dans ses nombreux contours,
Notre Charente admet vingt courants dans son cours :
La Moulde, le Lien, l'Argentor, la Tardoire,
Le Son, l'Osme et le Lemps, et la Touvre à l'eau noire,
Célèbre par Ruelle et ses canons fondus;
Bonnieure et Bandiat, en leurs eaux confondus;
L'Anguienne, la Charrau, la Boëme, les Nouères,
La Soloire, la Doin, le Briou, les Eaux-Claires;
Le Né, dont Barbezieux marque les affluents,
Qui fixe les confins des deux départements,
Qui se gonfle et répand ses eaux dans la campagne (2),
Orgueilleux d'arroser le sol de la Champagne;
L'Antenne que Matha voit descendre du nord;
La Seugne qui reçoit, sur l'un et l'autre bord,
Et le Trèfle et la Maine, et tombe en la Charente,
Après Jonzac et Pons, par une douce pente;

(2) Il déborde très souvent.

Près Saint-Savinien, le Bramerit qui court,

Venant de Saint-Hilaire, au nord de Taillebourg;

La Boutonne qui prend la Nie et la Trésence,

Et protége Saint-Jean, comme un nid, dans son anse;

L'Arnould de la Bridoire a reçu le canal,

Et vient près de Tonnay confluer en aval;

On voit descendre, enfin, des vallons de Surgère,

Au canal de Charras, l'affluent de la Gère.

Mais ce n'est pas assez de la fertilité

Que répand notre fleuve, en sa fécondité :

Sous cet heureux climat, d'autres eaux salutaires

Coulent, pour l'enrichir, leurs ondes tributaires.

La Sèvre borne au nord, et reçoit le Mignon,

Baigne Marans et court se perdre à l'Aiguillon;

Le Curé, de la Sèvre aimant le parallèle,

Traverse le canal qui naît à La Rochelle;

Cité toujours illustre en ses destins divers,

Grande dans ses succès, fière dans ses revers;

A servir la Réforme autrefois courageuse,

A servir la Patrie aujourd'hui plus heureuse :

La Seudre, à l'origine insensible ruisseau,

En passant à Saujon prend un rôle nouveau;

Par le flux de la mer ses rives plus profondes,

A des titres divers, rendent ses eaux fécondes;

La Tremblade au midi, Marennes vers le nord,
Reçoivent ses tributs d'un fraternel accord;
Soit que sur les marais son eau se cristallise,
Soit que par ses canaux la pêche soit transmise;
Ou que, dans le mollusque estimé des gourmets,
Elle offre à nos festins les plus savoureux mets;
Ou qu'à Ronce-les-Bains, ses plages tutélaires
Présentent le bienfait de leurs eaux salutaires:
Là Gironde portant ses flots à l'Océan,
Aux longs sillons du feu qui tourne à Cordouan,
Devant Royan sorti de ses rochers sauvages,
Qu'illustrent aujourd'hui ses chalets et ses plages:
Au midi, le Lary qui se joint au Palais;
De Montmoreau, la Tude arrose aussi Chalais,
En recevant le Breuil, le Fort et l'Argentone,
Pour aller se verser, avec eux, dans la Dronne;
La Dronne, qui caresse Aubeterre au détour;
La Nizonne, au levant précipitant son cours,
Du sol de la Dordogne indique la limite;
La Vienne, plus au nord, en passant nous visite,
Baigne au pied Confolens, en laissant Chabanais,
Et, dans un court trajet sur le sol charentais,
Reçoit la Marchadaine et la Goire et l'Issoire,
Pour aller, vers Chinon, confluer dans la Loire.

Le prince célébré des médecins savants (3)
Enseignait que les eaux, les airs, les lieux, les vents
Exercent sur les mœurs d'utiles influences
Et forment les raisons et les intelligences.
Nous avons vu les eaux que notre sol conduit,
Recherchons les esprits que le ciel y produit.
Humble enfant de ces bords, en rimes fugitives
Je célèbre les noms illustrés sur ses rives ;
Heureux si cet éclat de titres glorieux
N'était jamais terni par des traits odieux !

Honneur à tout seigneur ! François premier de France
Vit le jour à Cognac, sa ville de plaisance.
Des lettres et des arts éclairé protecteur,
Vainqueur à Marignan, rival de l'empereur,
Moins en roi qu'en héros il prodigua sa vie,
Et par de longs malheurs il expia Pavie.
Des progrès de son temps il cueillit les faveurs,
Et de la Renaissance il eut tous les honneurs ;
Mais, trop ardent soutien de la chevalerie,
Ses plaisirs et son luxe ont ruiné sa patrie.
Brave, mais imprudent ; noble, mais fastueux ;
Magnifique et cruel, franc et voluptueux :
Voilà, grand roi, voilà le portrait que tu laisses ;
La force et la grandeur ont aussi leurs faiblesses !

(3) Hippocrate.

Son règne l'a rendu le premier des Valois,
Et l'histoire l'inscrit parmi nos plus grands rois.

Mais n'aimons-nous pas mieux, plus grande en son mé-
La sœur qui l'aima tant, brillante Marguerite,   [rite,
Que Madrid admira dans sa captivité,
Que le bronze promet à la postérité,
Perle d'amour, d'esprit, de beauté, de science,
Et qui nous a légué l'honneur de sa naissance?

Tallemant des Réaux célèbre historien;
Saint-Gelais, Réaumur le grand physicien;
Balzac le prosateur qui, le premier en France,
D'un langage plus pur introduit l'élégance;
Les peintres Bougueraud, Gauffier, Fromentin;
Les médecins Bouillaud, Cabanis, Guillotin;
Jean Poltrot de Méré (faut-il que je le dise?)
L'espion militaire et l'assassin de Guise;
Et François Ravaillac, plus funeste assassin...
Dieu détourne de nous un semblable dessein!
De ces deux noms flétris, viens réparer l'injure,
Agrippa d'Aubigné, belle et noble nature,
Compagnon d'Henri quatre et Régulus nouveau (4);
Grand homme de Plutarque, honneur à ton berceau!

(4) Trait historique du siége du château d'Oleron, en 1586.

Parmi nos généraux, distinguons Laboissière,
Terrasson et Rivaud et Lagalissonnière;
De Beauharnais l'aïeul de Napoléon trois;
L'amiral Duperré, sous l'un des derniers rois,
Vainqueur de l'Algérie, et Latouche-Tréville
Qui défendit Boulogne et sauva la flottille
Des efforts de Nelson le héros des Anglais;
Le ministre Dupont enfant de Chabanais;
Rigaud de Genouilly savant qui vit encore,
Amiral et ministre, et que la France honore;
René Montalembert, le baron Chemineau,
Bonn l'habile marin, et l'amiral Claveau.

Citons encor Coulomb, Larive le tragique;
Dupaty, Chateaubrun poète dramatique;
Vinet, Laquintinie avocat jardinier;
Le poète Maillard, Gourville financier;
La Montespan que souille un lit illégitime;
(Sous l'alcôve du roi, le crime est toujours crime!)
Laroche, Nougaret et l'évêque Bureau;
Le moraliste auteur de La Rochefoucauld;
Guiton le rochelais et l'énergique maire;
Le professeur de droit le savant Laferrière;
Le démocrate pur Audry de Puyraveau;
Chasseloup de Laubat et le comte Regnaud;

Le président Descorde et Rivet de Lagrange,
Enfant de Saint-Benoît à la docte phalange;
Chassiron sénateur, Eugène Pelletan
Que Paris par deux fois nomma représentant;
Baudin navigateur; Chancel, Fabert, légistes;
Thevet, Bonplan, Lesson, savants naturalistes;
Dufaure, homme d'État et ministre trois fois,
Sans s'être fait donner ni s'adjuger la croix;
Coudein et Savigny, sauvés de la Méduse;
Et tant d'autres encor dont ma plume s'excuse
D'omettre ici les noms, pour clore ce tableau
Par un noble portrait, orgueil de mon pinceau.

Aux temps encor obscurs de l'Aurore naissante,
Enfant du Périgord qu'adopta la Charente (5),
Palissy, paysan, orphelin, ouvrier,
Compagnon voyageur et peintre-vitrier,
De Saintes illustra vingt ans le territoire,
Et lui légua son nom, son génie et sa gloire.
Méprisant la misère, intrépide au travail,
Dans ses ardents fourneaux il découvre l'émail.
Il observe, il compare, il tâtonne, il invente :
La fortune n'a rien qui l'attire ou le tente.

(5) Né près de Biron, en 1510,

A son esprit actif il faut la vérité ;

Et, pour la dégager de toute obscurité,

Il interroge l'eau, le feu, le ciel, les terres,

Devine la nature et sonde ses mystères ;

Par sa propre vertu, philosophe et savant ;

Sans livres et sans maître, écrivain éloquent.

Il ressent dans son âme un feu qui la dévore ;

Il veut toujours savoir, et savoir plus encore.

Il néglige à la fois son bien-être et ses soins,

Et de son corps meurtri les plus pressants besoins.

Mais, de l'esprit humain caractère sublime !

Sa pensée en un point se concentre et s'abîme.

Il médite, il pressent quelque nouveau secret

Que l'argile recèle au fond de son creuset.

Depuis deux ans entiers il est à sa poursuite ;

Quand il croit le tenir, son cœur en bat plus vite ;

Il est saisi d'effroi, s'il hésite ou s'il craint :

Son courage s'irrite et jamais ne s'éteint.

Une nuit... quelle nuit d'anxiété suprême !

Oubliant l'univers et s'oubliant lui-même,

Agité tour à tour par le doute et l'espoir,

Il aspire, il hésite, il saisit, il croit voir...

Son âme est suspendue à ce grain de poussière.

Soudain, la vérité brille en trait de lumière :

Il suffit au fourneau d'augmenter la chaleur...

Il vole, il est aux cieux, il s'empresse... ô douleur !

Plus rien ! plus d'aliment au feu qui va s'éteindre :
Voir le but, le toucher et ne pouvoir l'atteindre !
Vanité de l'espoir ! l'inventeur égaré
Promène avec stupeur un regard effaré ;
Un pauvre meuble en bois lui reste, en sa misère,
Le berceau de son fils, relique sainte et chère,
De regrets éternels symbole douloureux,
Du trésor de son cœur souvenir précieux !
Le creuset aujourd'hui concentre ses alarmes ;
Demain le malheureux n'aura plus que des larmes :
Le meuble, en son délire, est réduit en débris...
Le secret est trouvé... mais, hélas ! à quel prix !
Le succès est toujours le fruit d'un sacrifice ;
Et la fortune, enfin, se montre plus propice.
Sans ambitionner la gloire ou les honneurs,
Son nom devient célèbre et reçoit des faveurs :
Ce curieux chercheur de secrets d'officines,
Ce rustique inventeur de gentes figulines (6),
Est recherché des grands ; mais un traité précis
Le livre sans partage au vœu de Médicis.
Les jardins d'Écouen, Madrid, les Tuileries,
Lui doivent leurs beautés et toutes leurs féeries.
Mais ses mœurs condamnaient d'infâmes courtisans,
Et l'intrigue éloigna ses nombreux partisans.

---

(6) Palissy se qualifiait d'inventeur des rustiques figulines du roi.

Les seigneurs de Jarnac, de Pons et de Burie
D'ennemis trop ardents modèrent la furie ;
La Rochefoucauld même, et même Montpensier,
Même Montmorency, de l'illustre ouvrier
Soutiennent le courage et prennent la défense.
Mais où la haine veille à quoi sert la prudence ?
Sans en être ébranlé, Bernard brave ses traits,
Et, pour lui, la vertu conserve ses attraits.
Fidèle serviteur du Dieu de sa croyance,
Rien ne peut ébranler son zèle et sa constance.
La cour, sans le corrompre, a versé ses poisons ;
Sans l'effrayer, elle ouvre aujourd'hui ses prisons.
Le roi vient l'y trouver et lui dit : « *Mon bonhomme,*
Dès quarante-cinq ans, ma mère et moi nous sommes (7)
Contents de ton service, et fûmes endurants
De ta religion avec d'autres manants ;
Mais je suis trop pressé par mon peuple et les Guise :
Si de te convertir tu ne fais entreprise,
De te faire brûler je me verrai CONTRAINT. »
« *Sire,* répond Bernard, *point mon cœur ne vous craint ;*
Je vous honore et suis sans haine et sans envie,
Et je suis prêt à Dieu d'abandonner ma vie.
Vous m'avez dit tantôt quelques mots d'amitié ;
Mais c'est moi qui de vous, Sire, ai grande pitié

---

(7) Dès 1543, il fut chargé, *au nom du roi*, de lever les plans des *îles et marais salants* de Saintonge.

De vous dire CONTRAINT : *ce n'est pas d'un roi, Sire;*
Pour moi, je ne crains pas les Guisards et leur ire :
Je sais mourir!... » Voilà le Bernard Palissy (8) !
Après ce caractère, arrêtons-nous ici.
De ces temps en travail imposante figure,
Reliant son époque à l'époque future,
Pour ouvrir l'avenir, pour frayer le chemin
Dans les champs du progrès où court le genre humain (9).

Mais je ne prétends pas ériger un prophète,
Ni d'un culte nouveau rappeler la tempête.
Gardons-nous, imprudents, de toucher aux ressorts
Qui cachent à nos yeux les célestes accords.
Je respecte la foi, j'aime la bienfaisance,
Et je garde en mon cœur des trésors d'espérance.
C'est du code divin la sagesse et l'esprit,
L'appel qu'il nous adresse et la loi qu'il prescrit.
C'est le phare éternel qui dirige, entraînée,
Sous le regard de Dieu l'humaine destinée.

De généreux desseins accomplissant le cours,
On dit que le pays des Santons de nos jours,

---

(8) Presque mot à mot dans l'histoire de d'Aubigné.

(9) Palissy n'a pas été brûlé : il est mort prisonnier à la Bastille, en 1589, peu de temps après la reine et son fils Henri III.

Dans l'antique cité des Santons d'un autre âge,

De l'illustre potier va consacrer l'image.

Français, nous saluons ce noble monument.

Charentais, élevons le pieux sentiment

Que l'homme de génie à notre cœur inspire !

Mais, devant lui, c'est peu que notre âme l'admire :

Que son exemple aussi puisse nous faire voir,

Au flambeau de l'honneur, le sentier du devoir !

Celui qui fait vibrer cette corde éloquente

Est sûr d'être compris aux bords de la Charente.

Sur le socle déjà le sens public a mis :

« *Hic opere magnus, virtute sublimis* (10). »

---

(10) Traduction : *Par son œuvre il fut grand, par sa vertu sublime.*

Voyez : *La vie et les œuvres de Bernard Palissy*. Paris, 1777, in-4°. Faugas de Saint-Fond.

Et Paris, 1844, in-8°. Paul-Antoine Gap.

Et Paris, 1867, in-12. Audiat.

FIN.